Comprendre L'administration Automatisée D'insuline:

Un livre de base pour les enfants, la famille et les amis des personnes atteintes de diabète

Écrit et illustré par

Dana M. Lewis

Traduit de l'anglais par Amélie Godefroy

Pour plus d'informations sur l'administration automatisée d'insuline, consultez ArtificialPancreasBook.com

Pour la plongée sous-marine, les plongeurs portent du matériel dont un réservoir plein d'air qui leur permettra de respirer sous l'eau.

Leur gilet est plein d'air, alors pour descendre (aller sous l'eau), ils laissent sortir un peu d'air.

Une fois sous l'eau, ils veulent retrouver leur équilibre pour pouvoir se déplacer facilement là où ils veulent aller.

Cet équilibre est appelé «flottabilité», et est géré en augmentant ou en diminuant l'air dans leur gilet.

Par exemple, ils peuvent aller plus loin sous l'eau pour voir des créatures marines sur un récif de corail.

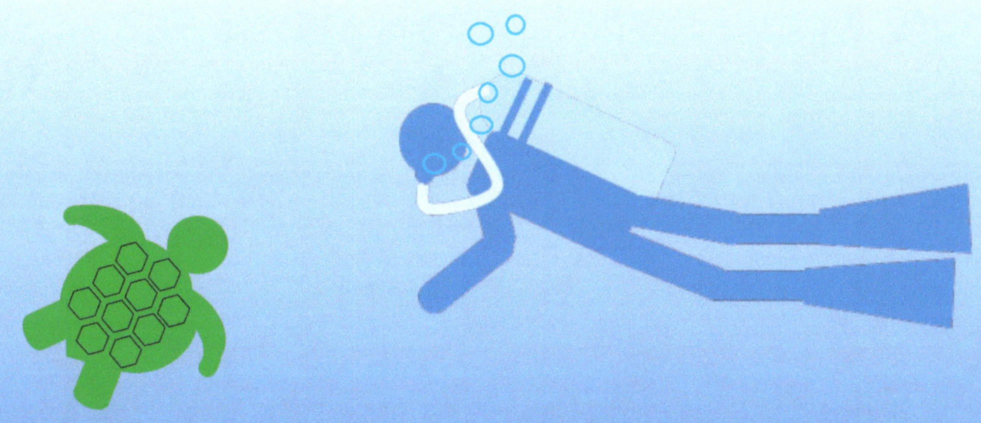

S'ils commencent à dériver vers le bas, ils peuvent ajouter plus d'air à leur gilet pour maintenir leur position dans l'eau.

S'ils commencent à dériver vers le haut, ils peuvent libérer ou évacuer l'air de leur gilet pour descendre.

Les plongeurs ont souvent plus de distance au-dessus d'eux qu'en dessous d'eux, de sorte qu'ils peuvent faire de plus petits ajustements à mesure qu'ils se rapprochent du fond de l'océan ou de la surface du fond où ils plongent.

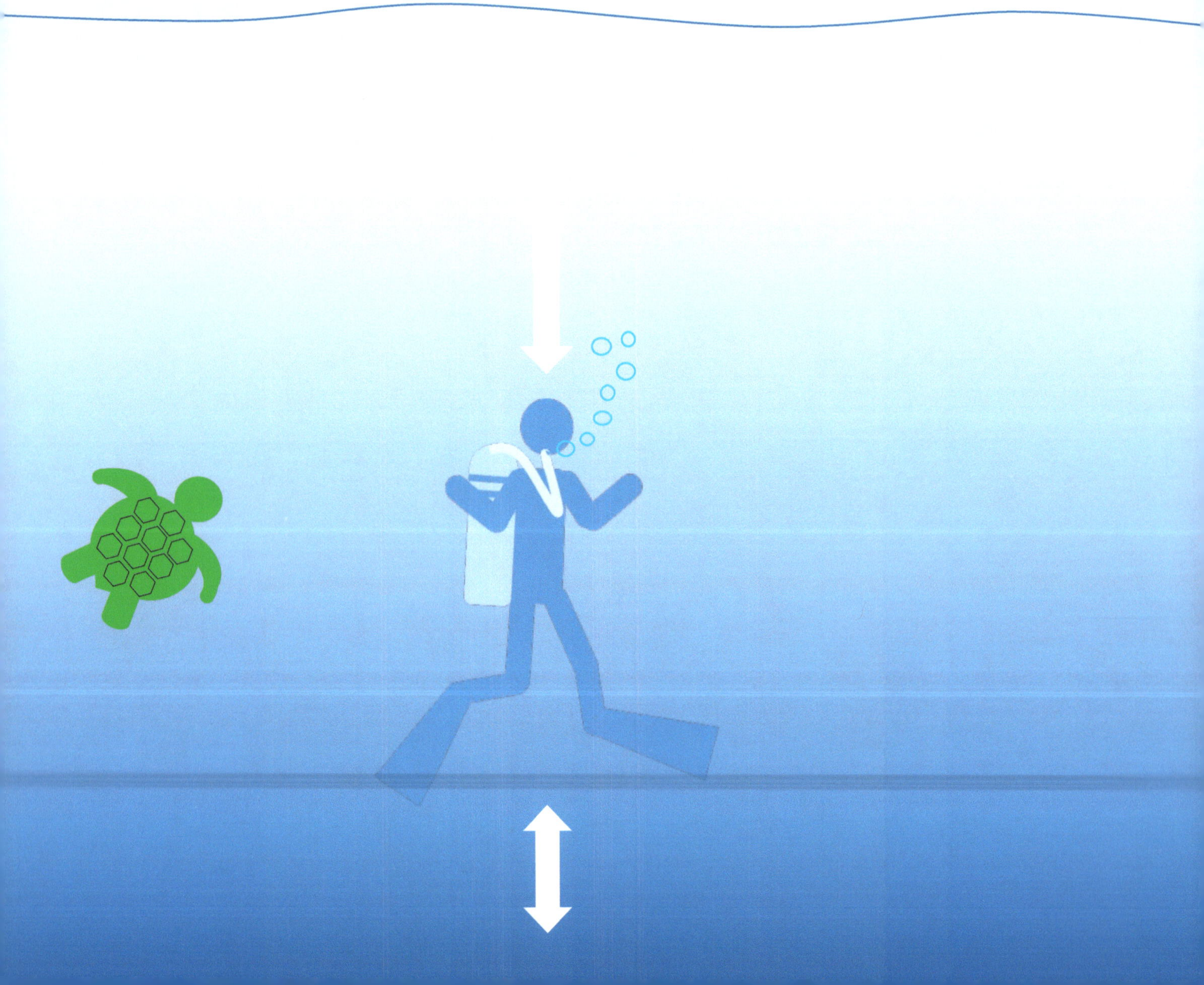

La plongée sous-marine ressemble beaucoup au diabète où une personne diabétique essaie de maintenir sa glycémie dans une certaine plage.

Dans le diabète, la nourriture ou l'absence d'insuline peut faire monter la glycémie.

Et dans le diabète, plus d'insuline ou plus d'exercice peut faire baisser la glycémie.

En plongée sous-marine, vous montez ou descendez dans l'eau en ajustant la quantité d'air contenue dans votre gilet.

Dans le diabète, les personnes atteintes de diabète peuvent ajuster leur glycémie en administrant plus ou moins d'insuline.

Ne serait-ce pas bien s'il y avait un moyen d'automatiser le maintien à portée?

Nous pouvons faire cela dans le diabète avec l'administration automatisée d'insuline.

Si la glycémie augmente, nous pouvons automatiser l'administration de plus d'insuline.

Si la glycémie baisse, nous pouvons automatiser l'administration de moins d'insuline.

Une administration d'insuline automatisée est parfois également appelée «boucle fermée».

En plongée sous-marine, vous pouvez immédiatement voir la différence d'ajouter ou de retirer de l'air de votre gilet pour monter ou descendre.

Dans le diabète, l'insuline met un certain temps à agir dans le corps et dure plusieurs heures. Ainsi, l'automatisation de l'administration d'insuline se fait en examinant à la fois ce que fait la glycémie actuellement et ce qu'elle devrait faire dans le futur lorsque l'insuline entre en action dans le corps.

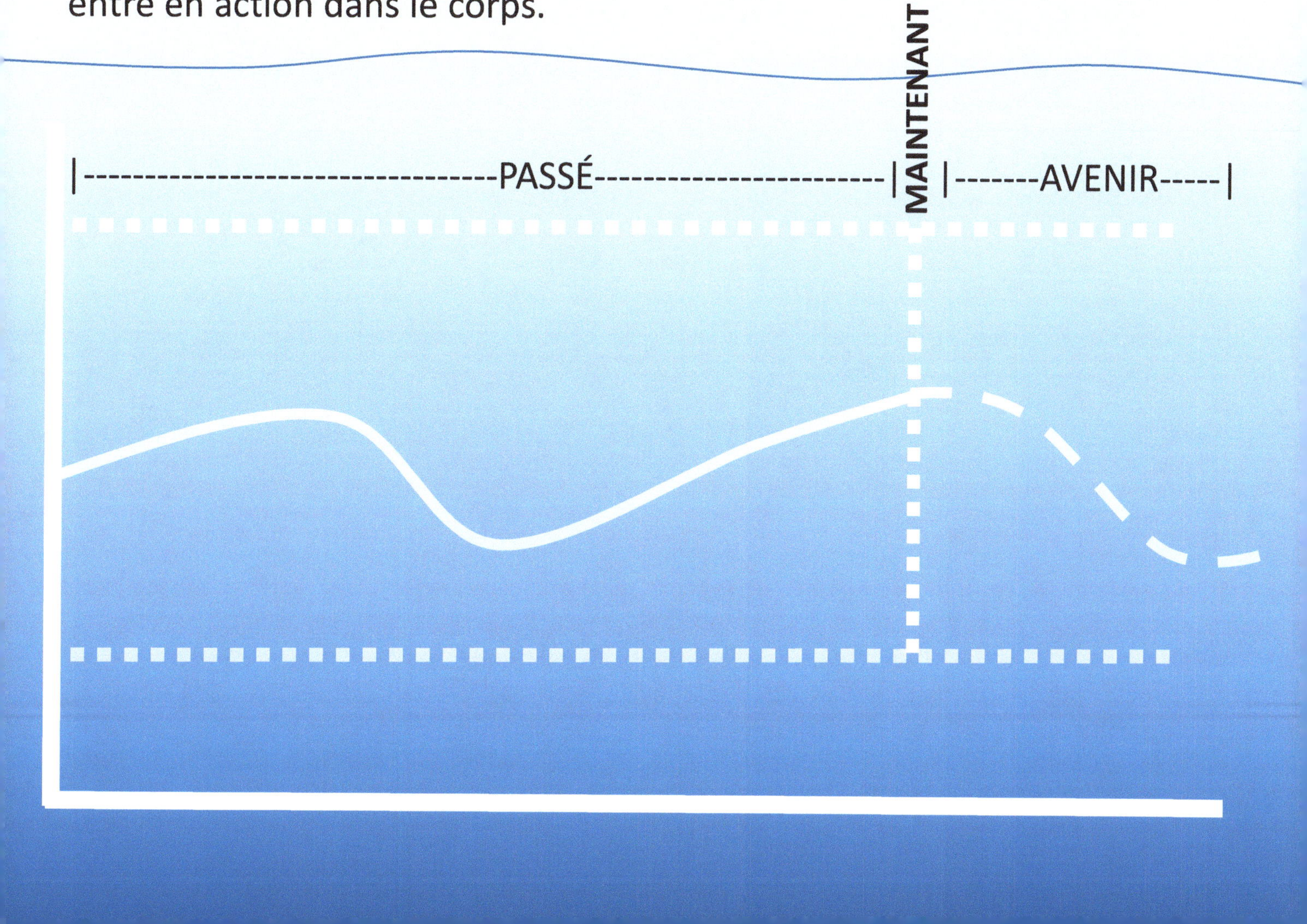

Il suffit d'un peu d'air ajouté ou retiré d'un gilet de plongée pour déplacer le plongeur dans l'eau.

De même, de petites modifications des taux d'insuline peuvent faire une différence suffisante pour modifier les taux de glycémie.

Des changements plus importants sont susceptibles de provoquer de nombreuses oscillations - de grandes fluctuations de haut en bas - donc faire des changements plus petits plus fréquemment donne généralement de meilleurs résultats.

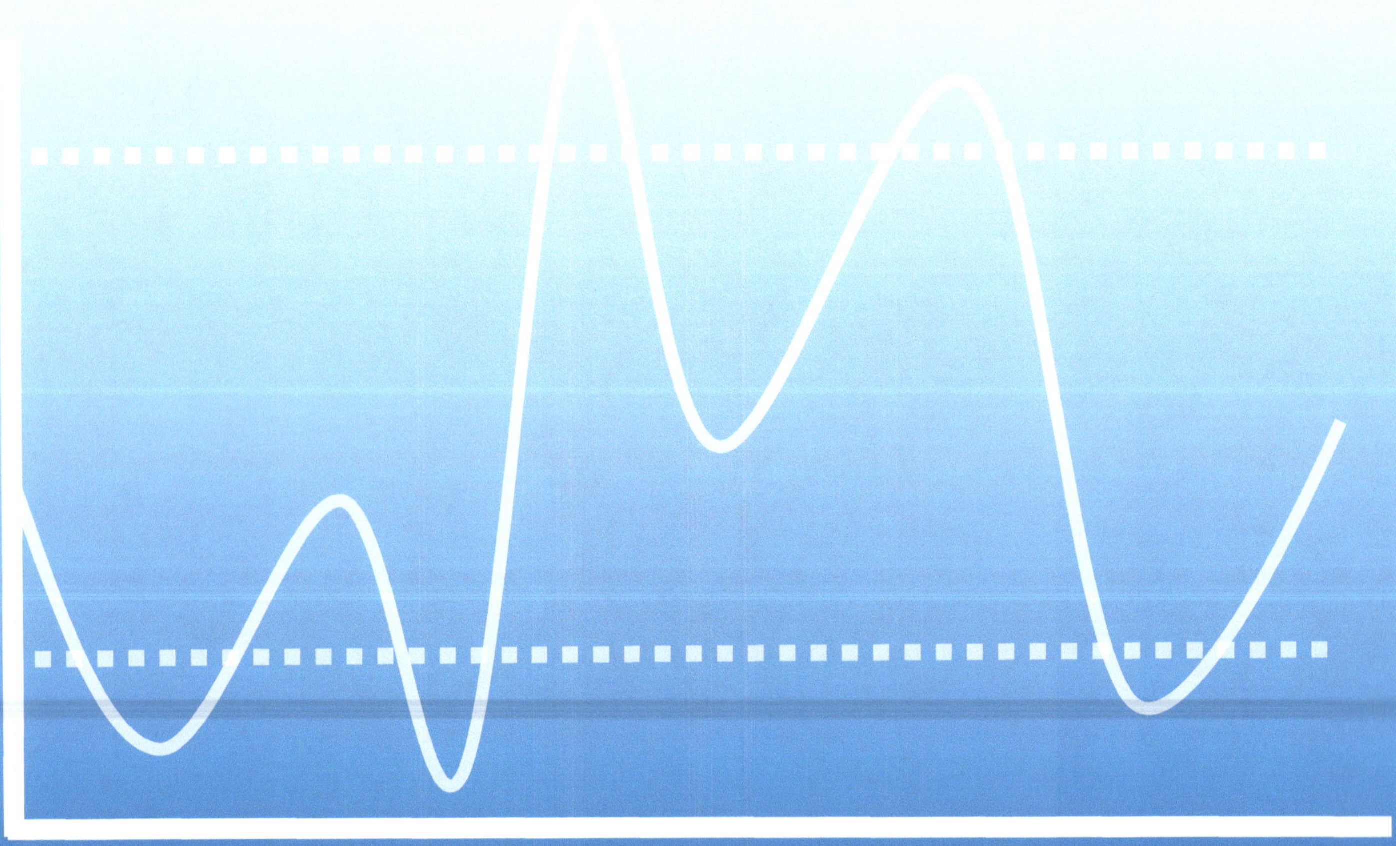

En plongée sous-marine, vous passez du temps à vous entraîner et à apprendre les bases de la plongée sous-marine avant d'être certifié pour faire de la plongée sous-marine par vous-même.

Dans le diabète, il est également bon d'apprendre et de comprendre les bases de la gestion du diabète - comme l'impact des aliments et de l'insuline sur la glycémie à différents moments - de sorte que si le système d'administration automatisé d'insuline n'est pas disponible, la personne diabétique puisse toujours gérer sa glycémie.

L'administration automatisée d'insuline automatise ce qu'une personne diabétique ferait manuellement et effectue de petits changements plus fréquemment pour essayer de maintenir la glycémie dans sa fourchette cible.

La plongée sous-marine peut être dangereuse, c'est pourquoi un processus d'apprentissage et une certification sont nécessaires pour que vous puissiez plonger et explorer sous l'eau. C'est aussi très amusant!

Vivre avec le diabète est tout aussi difficile, mais l'administration automatisée d'insuline facilite la tâche pour qu'une personne diabétique puisse vivre sa vie et passer moins de temps à gérer sa glycémie.

Cela signifie qu'ils peuvent passer plus de temps à faire du vélo, jouer, aller à l'école et s'amuser - et même faire de la plongée sous-marine!

Glossaire

Glycémie - après avoir mangé, le corps décompose les aliments afin qu'ils puissent être utilisés par les cellules pour produire de l'énergie. La glycémie ou la glycémie est la quantité de sucre dans votre sang avant qu'elle ne soit utilisée par les cellules de votre corps.

Insuline - une hormone produite par le pancréas pour aider les aliments que nous mangeons à pénétrer dans les cellules de notre corps pour produire de l'énergie pour le corps.

Pompe (ou pompe à insuline) - un petit appareil qui contient de l'insuline et peut administrer de petites doses préprogrammées d'insuline.

Moniteur de glucose en continu (CGM) - un petit appareil porté temporairement sur le corps qui peut mesurer fréquemment la glycémie (toutes les quelques minutes).

Flottabilité - la capacité de flotter. En plongée sous-marine, les plongeurs utilisent la quantité d'air dans leur équipement de plongée pour déterminer s'ils flottent ou montent dans l'eau.

Oscillation - lorsque quelque chose va et vient entre deux points, comme le passage d'un taux de glucose élevé à faible à élevé (ou d'un taux de glucose faible à élevé à faible).

À propos du Diabète

Il existe plusieurs types de diabète. Les types les plus courants dont vous pourriez entendre parler sont le type 1, où le corps ne peut plus produire d'insuline, et le type 2, où le corps n'utilise pas efficacement l'insuline produite. Lorsque vous mangez, la nourriture est décomposée pour fournir de l'énergie à votre corps. L'insuline est l'hormone qui aide le corps à faire passer le glucose de la circulation sanguine dans vos cellules. C'est pourquoi l'injection d'insuline dans le corps est si importante pour les personnes atteintes de diabète.

L'insuline n'est cependant pas magique. Le moment de l'activité de l'insuline ne correspond pas étroitement au moment de la prise de nourriture (comme c'est le cas chez les personnes non diabétiques, dont le pancréas produit toujours efficacement de l'insuline), les personnes atteintes de diabète doivent donc prêter attention à de nombreux détails sur le moment où elles administrent de l'insuline. et ce qu'ils peuvent faire d'autre - comme manger ou faire de l'exercice - pour gérer leur glycémie.

Vivre avec le diabète demande beaucoup de travail, même avec une pompe à insuline et un glucomètre continu (CGM). C'est pourquoi la technologie d'administration d'insuline automatisée, également connue sous le nom d'hybride ou de «boucle fermée», est si utile, car elle peut prêter attention aux détails du calendrier de l'insuline et apporter de petits changements fréquents pour aider à maintenir les taux de glycémie dans leur fourchette cible.

<u>À propos de l'auteur</u>

Dana Lewis est une personne qui vit avec le diabète de type 1 et utilise la technologie d'administration automatisée d'insuline. En fait, elle a construit son propre système d'administration d'insuline automatisé connu sous le nom «OpenAPS» il y a plus de 6 ans, et travaille depuis pour rendre ce type de technologie plus largement accessible aux personnes atteintes de diabète de tous âges dans le monde.

En plus de ce livre, elle a également écrit «**Automated Insulin Delivery: How artificial pancreas «closed loop» systems can aid you in living with diabetes**», un livre non romanesque destiné aux adultes pour mieux comprendre la technologie d'administration automatisée d'insuline. Vous pouvez y accéder gratuitement sur ArtificialPancreasBook.com.

Feuilles de coloriage gratuites disponibles - téléchargement via
http://bit.ly/scuba-coloring